OPORTO

et ses VINS

par

ALFRED SMYTH

Chevalier de l'Ordre du Christ de Portugal
Membre des Chambres de Commerce Anglaise et Américaine
de Paris

PRIX : 1 FRANC

PARIS

J.-B. BAILLIÈRE ET FILS

19, Rue Hautefeuille

1900

Oporto et ses Vins

9849-00. — Corbeil. Imprimerie Éd. Crété.

OPORTO et ses VINS

PAR

ALFRED SMYTH

CHEVALIER DE L'ORDRE DU CHRIST DE PORTUGAL
MEMBRE DES CHAMBRES DE COMMERCE ANGLAISE ET AMÉRICAINE
DE PARIS

PARIS

J.-B. BAILLIÈRE ET FILS

19, RUE HAUTEFEUILLE, 19

1900

PRÉFACE

—

L'Exposition Universelle de 1878 m'a fourni l'occasion de faire connaître et apprécier du public consommateur les Vins de Madère garantis d'origine, exposés par mes soins dans la section Portugaise.

Les véritables Vins de Madère étaient alors peu demandés, car une légende généralement propagée par les intéressés, affirmait que l'île de Madère (possession portugaise) ne produisait plus de vins depuis 1852, époque où la maladie de la vigne, connue sous le nom de « l'Oïdium Tuckeri » fit sa première apparition ; cette légende n'existe plus, car depuis 1878, les Vins de Madère d'origine sont entrés dans la consommation et ont aujourd'hui un courant régulier d'affaires auquel j'ai largement contribué.

Ce que j'ai fait pour les Vins de Madère, je l'entreprends de nouveau pour les *Vins de Porto Authentiques* dont je m'occupe spécialement depuis 1888, et que je me suis chargé d'exposer dans la section Portugaise de l'Exposition de 1900 ; mais cette fois la tâche est plus facile, car les *Vins de Porto* sont beaucoup mieux connus et appréciés aujourd'hui que ne l'étaient en 1878 les Vins de Madère.

C'est donc aux *Vins de Porto Authentiques* que je consacre cette notice qui intéressera, je l'espère, le public consommateur, tant par ses détails géographiques et descriptifs qu'au point de vue de la culture de la vigne qui les produit.

Les renseignements sur cette culture m'ont été fournis par l'une des plus anciennes maisons anglaises, établie depuis 1737 à Oporto, la Maison de Messrs. Offley, Forrester & Cᵒ, négociants et grands propriétaires de Vignobles dans la vallée du Douro.

Quant aux renseignements géographiques et descriptifs du pays, je les ai donnés suivant mes notes personnelles prises lors de mes dif-

férents voyages dans ces contrées ; j'en ai tiré
aussi de très intéressants de l'ouvrage impor-
tant : *Portugal and its capabilities*, du baron
de Forrester, et d'un ouvrage de M. Charles
Sellers : *Oporto Old and New*, publié à Londres
par l'éditeur du *Wine and Spirit Gazette*,
M. Herbert E. Harper, 27, Crutched Friars,
London, ouvrages que j'engage beaucoup le
public à lire.

ALFRED SMYTH.

Paris, Juin 1900.

VUE GÉNÉRALE D'OPORTO.

OPORTO

ET SES VINS

La ville d'Oporto, la seconde du Portugal, est située à l'embouchure du *Douro*. L'une des plus anciennes de la péninsule, elle occupait déjà une situation prépondérante au temps des Maures. Elle a été bâtie primitivement sur sept collines, comme Rome, mais plusieurs autres ont servi, depuis, à son extension. Les rues sont généralement montantes, et des bœufs les parcourent lentement, charriant de lourds fardeaux.

Le service des transports est également confié aux Gallegos, porteurs originaires de la province espagnole de Galicie. — Ce sont des paysans bien bâtis et très forts qui soulèvent des charges considérables à l'aide de cordes et d'une barre de bois qu'ils appliquent sur leurs épaules. Ces hommes, d'une extrême endurance, jouissent auprès des négociants qui les emploient, d'une bonne réputation en raison de leur probité.

Le port d'Oporto, Leixoe͂s, à proximité de Leça da Palmeira, est situé à environ six milles de la ville. Ce port artificiel, comme l'appellent les Portugais, rend de grands services en raison des difficultés et du danger qu'occasionne la barre, les vents périodiques rendant parfois impossible la sortie ou la rentrée des navires à Oporto.

Le *Douro*, que les poètes romains ont chanté à cause de ses sables aurifères, déverse à Foz ses eaux limpides, et c'est là qu'on jouit du splendide panorama offert par l'immensité de l'Océan ; sur une plage voisine nommée Miragaya, la Douane a été installée, elle se trouve près de la Rua dos Inglezes, au centre des affaires, et c'est sur le bord opposé du fleuve que se rencontrent les meilleurs quais de débarquement.

Oporto est séparée de Villa Nova de Gaya par le Douro. Jadis un pont de bateaux reliait les deux villes ; il a été remplacé en 1842 par

LE PONT DOM LUIZ A OPORTO ET UN BATEAU DE TRANSPORT DES VINS.

un pont en pierre très élevé au-dessus du
fleuve, et, en 1860, celui-ci disparut à son tour
pour laisser la place à un magnifique pont de
fer, le pont Dom Luiz, construit d'une seule
arche par la maison Eiffel. Il est à deux voies
superposées ; la voie supérieure permet les
communications entre Oporto et Villa Nova
de Gaya, siège des comptoirs ou chais appelés
Armazens dans le pays, et *Lodges* par les
Anglais, servant d'entrepôt à des milliers de
pipes de *Vin*. Sa voie inférieure relie les **deux**
rives du *Douro*.

C'est dans une rue spéciale d'Oporto, autrefois dénommée Rua dos Inglezes (rue des
Anglais), aujourd'hui rue de l'Infante don
Henrique, que se tenait la Bourse où avaient
lieu toutes les transactions. Depuis longtemps
déjà, c'est à Villa Nova de Gaya et à proximité
de leurs lodges ou magasins, que les négociants anglais ont transporté leurs bureaux,
et cet exode a enlevé son importance à la rue
qui portait leur nom.

Le marché d'Oporto vaut la peine d'être
visité. Les marchands de fruits, de légumes
et de volailles qui le fréquentent, s'y rendent

en costumes nationaux du plus pittoresque effet. Dans la Rua dos Flores sont installés de nombreux marchands de bijoux en filigrane, rappelant les gracieux produits de Malte et de Venise.

S'ils n'ont pas une valeur absolument artistique, ils sont d'un caractère mauresque original et ont du moins le mérite, toujours apprécié, d'être en or fin. Ils jouissent d'ailleurs d'une grande faveur auprès des femmes portugaises qui s'en parent aux jours de fête avec une prodigalité qu'on ne soupçonnerait pas.

Parmi les grandes fêtes, la plus populaire est la Saint-Barthélemy, le 24 août. La tradition rapporte que saint Barthélemy a fait avec Satan une convention d'après laquelle toutes les personnes qui n'auraient pas pris 33 bains de mer avant le 24 août, seraient damnées. — C'est le culte de la propreté ou de l'hygiène élevé à la hauteur d'une institution. On prétend que les paysans qui ne sont pas en règle à la date fixée, prennent jusqu'à trois ou quatre bains par jour pour ne pas être exclus du Paradis ; par un beau temps chaud, la pénitence est aussi légère que la brise.

La veille de la Saint-Barthélemy, des feux d'artifice ont lieu devant les églises, tandis que des musiciens jouent des airs nationaux et que les paysans dégustent du vin qui ne leur coûte que deux sous la pinte.

Le clergé portugais entretient ces traditions, et les paysans se prêtent volontiers aux désirs de leurs prêtres: souvent les classes aisées ne dédaignent pas de s'associer aux naïves manifestations locales de la joie.

Revenons aux *Vins de Porto* que la plus intéressante digression ne saurait nous faire oublier. Pour donner une idée de l'ancienneté de leur renommée, nous constaterons que leur exportation avait déjà pris en 1693 un développement sensible. C'est en 1703 qu'ils commencèrent à être en vogue en Angleterre, après le premier traité de commerce conclu par les Anglais avec le Portugal.

L'excellence du vin du *Douro* et surtout sa force de conservation lui méritèrent la renommée à l'aide de laquelle il l'emporta sur tous ses rivaux. La faveur excessive dont il jouit bientôt donna un élan rapide aux plantations de la vigne, plantations qui envahirent progressivement les rives escarpées du *Douro*, non sans de constants efforts et de grandes dépenses.

C'est de Vianna do Castello et de Monçaõ que fut faite la première expédition de vins rouges. Les vins de Monçaõ et de Vianna do Castello étaient très judicieusement traités de la même manière que les vins de Bourgogne, mais ils étaient néanmoins très différents des vins du *Douro* qui leur étaient en tous points supérieurs.

Dans le principe, le commerce des Vins était concentré entre les mains d'une Compagnie créée par le gouvernement Portugais, qui, par la suite, et pour le plus grand bien du commerce des Vins, a disparu, grâce aux efforts du vicomte de Villamayor et du baron deForrester; il est inutile de retracer les abus commis par cette Compagnie.

Voici maintenant le tableau des exportations, établi par périodes décennales, et sur une moyenne par année :

Années.	Pipes.	Hecto.	Années.	Pipes.	Hecto.
1737	19.234	100.016	1817	29.076	151.195
1747	18.556	96.491	1827	26.279	136.650
1757	15.968	83.033	1837	24.888	129.417
1767	19.385	100.802	1847	31.029	161.350
1777	22.169	115.278	1857	38.502	200.210
1787	25.044	130.228	1867	30.562	158.922
1797	42.807	222.596	1877	49.247	256.084
1807	48.496	252.179	1887	61.200	318.240

Sur une période de douze ans, de 1888 à 1899, la moyenne par année a été de *94.245* pipes de *Vins de Porto* contenant chacune 115 gallons ou 520 litres, soit un total de *490.074* hectolitres ce qui représente la centième partie de la production française.

Parmi les négociants en vins les plus importants d'Oporto, il faut citer au premier rang la maison Offley, Forrester & C° dont l'origine remonte à 1729. Dès 1737, alors que la raison sociale était Etty, Offley & C°, la maison appliquait la marque qui est restée jusqu'à ce jour une des plus estimées.

M. James Forrester, le grand-oncle des associés actuels, est arrivé à Oporto en 1803 et le nom de Forrester figure depuis cette époque dans la raison sociale, sauf à de rares exceptions.

Les Quintas, ou propriétés, appartenant à Messrs. Offley, Forrester & C°, de Boa Vista, Cachucha, Ujo, sont situées dans le district de Covas qui, de temps immémorial, a été célèbre par l'excellence de ses vins.

Les produits de Boa Vista sont depuis longtemps considérés comme les plus beaux du *Douro*. C'est même une des rares propriétés du Covas qui aient survécu à l'invasion des maladies qui ont détruit les vignobles du monde entier, grâce à ce que les propriétaires n'ont pas hésité à opposer les grands remèdes aux grands maux. Comme on l'a fait en France, ils ont employé sans retard les plants Américains qui résistent le mieux aux ravages du phylloxera, plants sur lesquels ils ont greffé les meilleures variétés portugaises. Cependant il faut reconnaître que la vigne américaine se développe moins bien que dans les conditions primitives qui existaient pour les plants Portugais, et, bien que les fibres des racines soient moins délicates que celles des plants Européens, elles ont besoin de plus de place et de plus de facilité pour s'étendre.

La maison Offley, Forrester & C° a accompli

un travail véritablement gigantesque à Boa Vista, où elle a transformé les vieilles terrasses étroites à 2 ou 3 rangs de vignes en terrasses spacieuses capables, en certains cas, de contenir jusqu'à 21 rangées.

Pour bien comprendre l'extrême difficulté de cette transformation, il est nécessaire de savoir que la montagne est formée de roches schisteuses exigeant, pour être utilement travaillées, l'emploi de leviers d'acier, de marteaux et au besoin de poudre à canon, tandis que dans d'autres terrains, la charrue et la bêche suffisent.

Le remplacement des petites terrasses par les constructions massives qu'on admire à Boa Vista a nécessité le défoncement de tout le sol jusqu'à une profondeur variant de 8 à 20 pieds. Comme la roche schisteuse a dû, dans le cours de cette opération, être cassée au marteau, on se rend compte des obstacles qu'il fallait vaincre pour transformer la montagne où le cru fameux de Boa Vista occupe 300 acres ou 120 hectares.

C'est à Villa Nova de Gaya, en face d'Oporto, que la maison Offley, Forrester & C°

BOA VISTA, PROPRIÉTÉ DE MESSRS. OFFLEY, FORRESTER ET Cº.

a sa pépinière de plants américains, tout prêts à remplir les vides de ses propriétés. Le choix des variétés de vignes américaines destinées à telle ou telle situation a une si grande importance, que MM. Offley, Forrester & Cᵒ ne permettent jamais l'introduction dans leurs vignobles d'une vigne qui ne sort pas de leur pépinière privée.

La culture de la vigne en Portugal se fait de plusieurs manières.

Dans le Minho, l'Estramadura et le Beira, on suit encore l'ancienne manière très gracieuse et très pittoresque. Elle consiste à soutenir la vigne à certaine hauteur en lui faisant former des festons et des arceaux que les Portugais appellent « enforcado ».

Dans le haut *Douro*, au contraire, les vignes plantées en terrasse ne doivent jamais atteindre plus de 3 ou 4 pieds de hauteur.

Quand les fruits mûrissent, on attache les branches à des pieux afin qu'ils restent toujours à une distance convenable du sol.

Trois fois par an, on retourne le terrain, à l'automne, en mars, et lorsque les raisins commencent à se colorer.

Quand l'heure de la vendange a sonné, les fruits sont coupés par des femmes et des enfants, et des vignerons expérimentés font la taille de la vigne qui doit avoir lieu, d'après un proverbe du haut *Douro*, aussitôt les raisins cueillis ; ils sont transportés par les Gallegos dans de grands paniers à l'*adega*, où les porteurs les jettent dans de grandes cuves de pierre appelées lagares.

Ces Gallegos, ou laboureurs des vignes, sont divisés en équipes de dix hommes, sous les ordres d'un maître de chais. Les paniers remplis, sur un mot de commandement, chacun charge le sien sur l'épaule, se met en ligne et défile en ordre sur le chemin montueux et raboteux qui conduit à l'*adega* ou pressoir.

Pour tous ceux qui ne sont pas familiarisés avec le spectacle des vendanges de cette admirable région, l'aspect gai des femmes et des jeunes filles occupées dans les vignes, les nombreuses files des porteurs de raisins passant sur les hauteurs, la beauté et les riches couleurs des fruits forment un tableau attrayant et animé.

Il faut 24 paniers de raisins pour faire une

pipe de vin et la capacité des lagarres ou cuves varie de 10 à 30 pipes. Si les raisins blancs sont en quantité notable, on les sépare des raisins noirs, sinon on les jette indifféremment dans la cuve. Quand celle-ci est pleine, une équipe d'hommes saute dedans. Ils forment entre eux une ligne compacte en passant leurs bras sur l'épaule du voisin. Ils s'avancent ainsi et se reculent, en marchant sur les raisins d'un pas rythmé au son d'une cornemuse, d'un tambour et d'un fifre. C'est la vendange en musique, et d'ailleurs on ne saurait faire assez d'honneur à la plus mémorable action du jour, à la naissance du vin. Quand les fouleurs de raisins sont fatigués, pendant qu'ils mangent et se reposent, une autre équipe leur succède. Le raisin est ainsi pressé pendant 36 heures, et, dès que la fermentation commence, on laisse le moût livré à lui-même. Si le moût est vert ou peu riche en saccharine, au bout de 36 ou 48 heures, il deviendra un vin parfait ; par contre, si la saccharine abonde, le double du temps sera nécessaire pour obtenir le résultat désiré.

Quand le vin est prêt à être tiré, les pelures, les pépins et les râpes ainsi que toute autre impureté ont formé une croûte épaisse à la surface de la cuve. Si cette croûte est laissée trop longtemps, elle s'ouvre, se disperse, descend et désorganise la masse générale. Il faut donc alors régulariser le soutirage qui se fait dans de grands tonneaux ou cuves dans lesquels le vin doit faire sa seconde fermentation.

Cette opération n'est pas facile.

Si on désire obtenir un vin riche, la fermentation doit être arrêtée et on ajoute de l'eau-de-vie. Si on veut un vin ordinaire, on laisse la fermentation suivre son cours naturel et une petite quantité d'eau-de-vie sera suffisante pour que le vin entre en bonne voie de perfectionnement.

La manière de faire le vin que nous venons de décrire peut être considérée comme générale dans tout le royaume de Portugal, avec cette différence que dans les autres provinces, on emploie généralement de petits lagarres ou cuves. Dans quelques parties de l'Alemtejo, par exemple, où les contenants de bois sont plus rares, on substitue aux cuves des vases en terre qu'on recouvre de goudron pour empêcher l'évaporation.

Les raisins destinés à faire le vin et qui jouissent de la plus vieille renommée sont les suivants :

Tinta Amarella........	Touriga (le plus fin)
Mourisco Preto	Tinta Carvalha
Rabo de Ovelha	Tinta Francisca
Souzào (le plus coloré).	Tinta Cào

Dans le haut *Douro*, les vendanges commencent d'ordinaire après le 15 septembre, et se font en même temps dans toute la contrée, ce qui réclame l'énorme quantité d'ouvriers des deux sexes qui, vers cette époque, arrivent du Minho, des montagnes de Beira et de Traz-os-Montès, par bandes joyeuses, chantant et dansant par les chemins comme s'il s'agissait d'un rendez-vous de fête et de repos.

En consultant les anciens ouvrages, on trouve que la vigne a été importée en Portugal par le comte Henri de Bourgogne qui reçut le Comté de Portugal d'Alphonse VI de Léon, en 1095, et qui introduisit dans son territoire

des plants de vigne de Bourgogne. On pense
donc que le vin était inconnu en Portugal
avant cette époque, mais tout le monde n'est
pas d'accord à ce sujet ; ce qui intéresse le
plus, est de savoir à quelle époque remonte
le commerce des Vins entre le Portugal et
l'Angleterre.

Certainement, ce sont les Portugais qui
l'ont provoqué. Ils étaient les plus anciens et
les plus audacieux navigateurs, et déjà en 1497,
sous le règne de Don Manuel le Fortuné, ils
avaient établi des pêcheries à Terre-Neuve,
et envoyaient de la morue dans les Iles
Anglaises. Ils y portaient aussi des Vins qu'ils
offraient en échange de produits manufac-
turés.

Ces vins, renfermés dans des outres ou dans
de petits fûts, s'appelaient Vinhos Verdes.
C'est là l'origine réelle du commerce des Vins
Portugais avec l'Angleterre. Ils étaient produits par la province de Minho. Aujourd'hui,
seuls, les vins de la vallée du *Douro* s'exportent.

Les vignobles, ou propriétés, s'appellent des
Quintas ; plusieurs sont très célèbres, entre
autres celles de Vesuvio, de Roriz, de Roeda

et tout particulièrement celle de Boa Vista située à droite sur la côte nord du fleuve.

Les moyens de transport pour se rendre d'Oporto dans les contrées vignobles étaient autrefois très primitifs. D'abord, on se servit de mules, puis vinrent les fameuses diligences, véritables arches de Noé roulantes, traînées par des chevaux ou par de petits poneys et, dans les endroits difficiles, par des bœufs. Les harnais étaient aussi pittoresques que l'attelage et les cochers. Le chemin de fer les a remplacés avantageusement.

Les hôtelleries n'étaient pas très confortables, et, malgré le proverbe Portugais « Bon vin fait bon lit », il était bien difficile de passer une bonne nuit sur un matelas de paille accompagné d'un oreiller rempli de sciure de bois ; le reste de l'ameublement était à l'avenant.

Quant à la nourriture, le Portugais s'en contente parce qu'il est très frugal. On ne se doute guère qu'il y ait une cuisine Portugaise, elle existe cependant, son plat principal est le Guizado, sorte de ragoût de lièvre, de perdreau ou de volaille en morceaux avec assaisonnement d'oignons, d'ail, de lard, de sel, de poivre, d'aromes, d'huile d'olive et une légère addition de vin et d'eau.

Le dîner est généralement arrosé d'un petit vin, le Maduro Verde qui est bien ce qu'on peut trouver de meilleur pour étancher la soif. On le boit dans des vases de terre qui ont la forme gracieuse des coupes grecques.

Une des curiosités du *Douro*, consiste dans les bateaux qui transportent les fûts. Ils sont construits très simplement avec des planches et des poutres, et peuvent porter de 30 à 70 pipes.

En s'approchant de ces bateaux à l'heure des repas, on aperçoit à l'avant un jeune garçon en train de préparer du bouillon sur des pommes de pin qui lui communiquent leur arome. Il y ajoute des grains de cumin, et, pour compléter le régal, il fait griller quelques sardines.

Quand les cloches du voisinage sonnent

l'heure du repas, les mariniers surgissent des bateaux, coiffés de bérets rouges ou bleus, font une courte prière et mangent ce modeste menu d'où les sardines mêmes sont quelquefois absentes. Ils n'ont alors qu'un peu de maïs pour accompagner le bouillon.

Les mêmes préparatifs se répètent tout le long du fleuve, et, quoique ce repas ne soit pas très substantiel, il paraît très goûté par ces travailleurs dont le dessert est assuré d'ailleurs par des fruits exquis, pêches, figues et raisins de toute sorte.

Les meilleurs raisins blancs pour la table sont : le Dedo de Dama, le Muscatel de Jesus et le Ferral Branco.

Les meilleurs raisins rouges de table sont : l'Alicante, le Malvazia-Vermella et le Muscatel Roxo.

Le climat du Douro est très froid en hiver et très chaud en été ; dans certaines parties, il n'y a pas d'eau de source. Enfin, par suite des grands brouillards, qui, pendant les fortes chaleurs, règnent continuellement sur le fleuve, les habitants sont très sujets aux fièvres intermittentes.

Ce beau pays a une faune assez redoutable ; dans les environs du Douro, il n'est pas rare de rencontrer des loups et des sangliers, des vautours et des aigles gris. Ceux-ci viennent ròder autour des sommets neigeux de Sera-Marão.

Aux approches d'Oporto, les bords du *Douro* deviennent moins arides et les quintas n'apparaissent plus seulement comme des propriétés de rapport, mais comme des habitations modernes d'un confortable et d'un luxe dignes des riches négociants, leurs propriétaires. Plusieurs d'entre elles sont entourées de brillantes fleurs ou de jolies plantes, parmi lesquelles le camélia et la formosa dominent : quelques-unes de ces habitations s'élèvent au milieu de champs de maïs indien.

Le paysage est donc souriant et animé.

Les grandes maisons anglaises, installées à Oporto, monopolisent, en quelque sorte, l'exploitation des Vins. Elles avaient jadis des navires à elles faisant le service entre Oporto et les diverses parties de l'Angleterre. Ces navires étaient de petites goélettes d'environ 100 tonneaux et leur voyage durait six semaines.

Leurs capitaines avaient l'habitude d'aller à la Bourse en habit et en gants blancs. C'étaient des gentlemen au long cours, qui ne prenaient que la peine de signer les connaissements dans les bureaux où ils recevaient ce qu'on appelait le *Hat Money*, ou *Chapeautage*, dont le taux était d'un shelling par tonne et qui leur était dû comme prime.

A cette époque, le fret était beaucoup plus élevé qu'aujourd'hui ; il fut souvent fixé à 100 shellings ou 125 francs par tonne de deux pipes. Les capitaines étaient donc des personnages importants et les plus grands négociants se faisaient un honneur de les inviter à leur club.

En terminant cette brochure, nous dirons que le *Vin de Porto* est le plus riche et le plus exquis des vins : tous les vrais dégustateurs pourront s'en assurer à l'Exposition de Messrs. Offley, Forrester & C°, Section Portugaise, groupe X, classe 60. Il est non seulement l'ornementation de nos tables comme Vin de dessert, mais il rend d'incontestables services en thérapeutique, services constatés par les illustrations de la science médicale. Chaque fois qu'il s'agit de fortifier des personnes débilitées, de leur rendre la chaleur vitale et de répandre en elles cette sève généreuse qui leur manque, le *Vin de Porto* est le réparateur *par excellence* et se trouve ainsi désigné, même à l'attention des plus indifférents.

De tous les trésors qui ont été donnés à l'homme, le vin est le plus célébré ; il n'est guère de poète, qui n'ait chanté quelques vers en son honneur, et parmi tous les Vins, celui de Porto est si riche, si précieux, si parfait, qu'on a pu dire de lui, qu'il est le *Roi des Vins*, et le *Vin des Rois*.

ALFRED SMYTH.

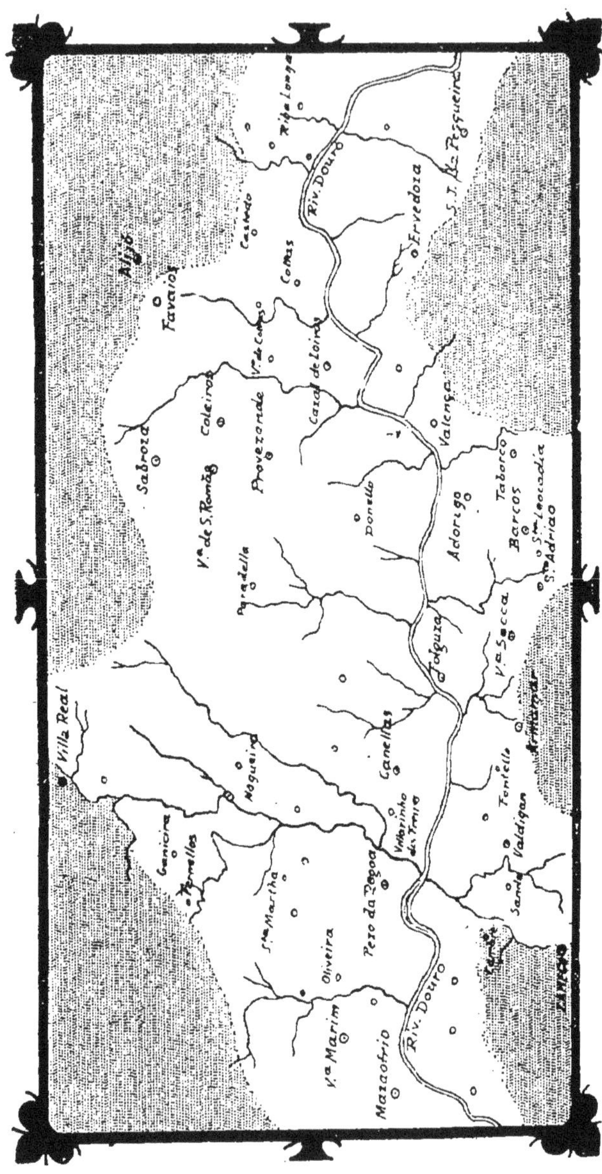

CARTE DES VIGNOBLES DU HAUT DOURO, PAR M. JOSEPH-JAMES FORRESTER.

INVICTA